Dieses Buch gehört

ADRANA

W0235979

# Liebe Eltern,

wir wollen Ihr Kind beim Lesenlernen unterstützen, und zwar mit spannenden und lustigen Geschichten.

Unsere Bücher mit der liebenswerten Bildermaus begleiten Ihren Sohn oder Ihre Tochter durch die Vorschule. Sie enthalten kurze Geschichten mit einfachen Sätzen sowie großer und leicht lesbarer Schrift. Hauptwörter werden durch kleine Bilder ersetzt. Lesen Sie die Geschichten vor und lassen Sie Ihr Kind die Bilder selbst benennen. Am Ende finden Sie eine Bild-Wörterliste mit den einzelnen Bedeutungen. Viele bunte Illustrationen sorgen außerdem für Lesepausen und helfen, die Geschichte zu verstehen.

So wird der Spaß am Lesen geweckt, und Ihr Kind wird ganz nebenbei von der Bildermaus zum echten Leselöwen!

Ihre

**Bildermaus**

Maja von Vogel

# Ein großer Tag
# für das kleine Pony

Illustriert von Dorothea Ackroyd

www.bildermaus.de

FSC
www.fsc.org
MIX
Papier aus ver-
antwortungsvollen
Quellen
FSC® C109273

ISBN 978-3-7432-0135-4
1. Auflage 2019
© 2019 Loewe Verlag GmbH, Bindlach
Umschlag- und Innenillustration: Dorothea Ackroyd
Umschlaggestaltung: Ramona Karl
Vignetten Bildermaus: Angelika Stubner
Printed in EU

www.loewe-verlag.de

# Inhalt

# Der Löwenzahn-Trick

Egon ist ein . Und zwar ein

ganz besonderes. Egon ist nämlich

so klein wie ein . Wenn er über

die trabt, lachen sich die

anderen schlapp. „Deine

sind ja so kurz wie ", kichert

Strubbel.

„Und dein  schleift fast über

das ", spottet Mira. „Kannst

du überhaupt über den

gucken?", fragt Coco. Beleidigt

verzieht sich Egon unter einen .

Ständig machen sich die Großen

über ihn lustig. Das ist echt gemein!

Außerdem muss Egon immer auf

der 🌱 bleiben. Die anderen 🐴

dürfen durch den 🌳 galoppieren

oder im 🏞️ schwimmen. Aber

wenn 👧 auf Egon reiten wollen,

sagt 🧑 Gerd: „Das geht nicht,

Egon ist zu klein."

Wütend stampft Egon mit dem

auf. Es reicht! Er muss unbedingt

wachsen. Aber wie? Nachdenklich

zupft er an einem . Daneben

wächst eine schöne gelbe .

Das ist es: Der !

Wenn Egon ganz viel  futtert,

wird er bestimmt so groß und stark

wie ein . Das kleine

legt sofort los. Es frisst hastig

einen  nach dem anderen.

Erst unter dem , dann auf der

ganzen . „Drängel nicht so!",

schimpft Strubbel, als Egon ihm

einen  vor der

wegschnappt. Egon mampft mit

gesenktem weiter.

Plötzlich stößt er gegen einen

haarigen . „He, warum schubst

du mich?", wiehert Mira. „Du stehst

im  ", nuschelt Egon mit

vollem . Er grast einmal um

Mira herum.

Egon futtert immer weiter. Bis auf

der  kein einziger

mehr wächst. Die sind jetzt alle in

Egons . Zufrieden schleckt

er sich mit der →  über das

und rülpst duftig.

Nun braucht er nur noch zu warten.

Bestimmt fängt er gleich an zu

wachsen. Das  schielt nach

unten. Ui! Es kann seine

kaum noch sehen! Sind seine

etwa schon länger geworden?

Nein, die  sind nur in einer

schlammigen  versunken.

Egon wartet und wartet. Aber

nichts passiert. Er ist immer noch

so klein wie ein . Verflixtes !

Was soll er jetzt machen?

# Egon will hoch hinaus

Die anderen  dösen in der ☀.

Egon denkt so scharf nach, dass

ihm fast der  raucht. Wie wird

man groß und stark? Hm, vielleicht

braucht er sich ja nur etwas größer

zu machen. Das kleine

probiert es sofort aus.

Egon reckt den  und streckt

den  nach oben. Dann

stolziert er auf den   seiner

über die . Die großen

wiehern los. „Was ist denn mit

dem?", kichert Coco.

„Vielleicht will er ins “, meint

Strubbel. „So kommt er höchstens

in den “, schnaubt Mira.

„Als das kleinste  mit den

größten  im !“ Egon sackt

in sich zusammen.

So funktioniert das nicht. Ein

bleibt ein . Es sei denn ... Er

trabt zu der alten 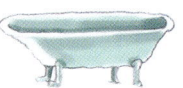 neben

dem ▦, aus der die  trinken.

Egon stupst sie mit der 👃 an.

Die  wackelt, das  spritzt.

Egon stupst noch mehr. *Krawumm!*

Die  kippt um. Das

versickert im . Egon wiehert

zufrieden. Vorsichtig klettert er auf

die .

Erst ein , dann noch einer.

Geschafft! Das kleine  sieht

sich um. Huch, ist das hoch!

Das ist ganz weit weg und

Egon kann sogar über den

gucken.

„Ich bin der   der !", ruft er

stolz. Plötzlich wird ihm schwindelig

und seine 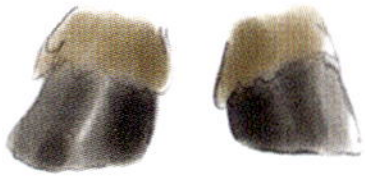 rutschen ab.

Egon kneift die  zusammen

und schnaubt ängstlich. *Bumms!*

Er plumpst ins . „Hast du dir

wehgetan?", fragt Coco besorgt.

Egon schüttelt den . Strubbel

stupst ihn sanft mit der  an.

„Sieh mal, da kommt unser ."

Das ist es! Wer groß und stark

werden will, muss ganz viel essen.

Das weiß doch jedes !

Egon stürzt sich auf das

und schlingt es in sich hinein.

Er schluckt, ohne zu kauen. „He,

lass uns auch noch was übrig!",

wiehert Mira. Egon frisst, bis ihm

das  fast zu den

rauskommt.

Jetzt ist sein  so prall und rund

wie eine . Es rumort kräftig

darin. Vielleicht verträgt sich das

viele  nicht mit dem . Egal,

morgen ist Egon bestimmt noch

viel größer und stärker als ein !

# Alle lieben Egon

Die ☀ geht auf und Egon öffnet

die 👁 👁 . Neugierig betrachtet er

seine 🐾 , seine 🐾 🐾 und

seinen kugelrunden 🐷 . Ist er

gewachsen? Wenigstens ein

bisschen? Nein, leider nicht. Er ist

immer noch so klein wie vorher.

Das  lässt den  hängen

und schüttelt traurig seine  .

Verflixte ! Warum klappt

es nicht? Egon hat doch alles

probiert! Wenigstens tut sein

nicht mehr weh.

Auch die anderen   werden

allmählich munter. Da öffnet sich

das   und   Gerd betritt

die . Er hält ein  an

der   und hinter ihm drängeln

sich neun  .

„Das sind Mia und die   aus

dem  “, erklärt  Gerd.

Mit großen   betrachten

die  die . „Hallo, wollt

ihr auf uns reiten?" Coco trabt

neugierig näher.

Mia weicht zurück und fängt fast an

zu weinen. „Das  ist ja riesig!"

Da überlegt  Gerd. „Egon,

wo bist du?" Egon kommt hinter

dem  hervor und trippelt auf

die  zu. „Wie süß!" Mias

leuchten auf. „Komm zu mir,

kleines  !", ruft ein  .

„Nein, zu mir!"

Die  drängeln sich um Egon.

Alle wollen sein weiches

streicheln. Egon lässt sich die

zerzausen und schnaubt Mia

ins   .

„Das kitzelt!", kichert sie.

„Außerdem riechst du nach ."

Ein  zupft  Gerd an

der  . „Dürfen wir auf Egon

reiten? Bitte!" Der  nickt. „Ihr

seid leicht genug, das schafft Egon."

Egon wiehert fröhlich. Er kann es

kaum glauben. Stolz trägt er

die  über die . Die

sind begeistert. „Noch mal, noch

mal!", rufen die  .

„Für heute ist es genug", sagt

Gerd schließlich. Mia schmiegt

sich an Egon und flüstert ihm

ins   : „Ich mag dich. Und ich

komme bestimmt bald wieder."

Egon stupst sie mit der  an.

Das heißt: Ich mag dich auch. Eins

weiß das kleine  ganz genau:

Es will gar nicht mehr wachsen.

Manchmal ist es eben genau

richtig, ein  zu sein!

## Die Wörter zu den Bildern:

 Pony

 Baum

 Zwerg

 Wald

 Wiese

 See

 Beine

 Kinder

 Streichhölzer

 Bauer

 Bauch

 Huf

 Gras

 Grashalm

 Zaun

 Blüte

 Löwenzahn

 Sonne

 Löwe

 Hals

 Nase

 Schweif

 Kopf

 Spitzen

 Weg

 Fernsehen

 Maul

 Zoo

 Zunge

 Rosinen

 Pfütze

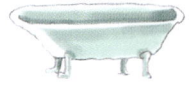 Badewanne

 Hufeisen

 Wasser

 König

 Gatter

 Welt

 Mädchen

 Augen

 Hand

 Heu

 Marienkäfer

 Fohlen

 Kindergarten

 Ohren

 Junge

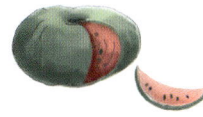 Wassermelone

 Fell

 Mähne

 Gesicht

 Pferdeäpfel

 Jacke

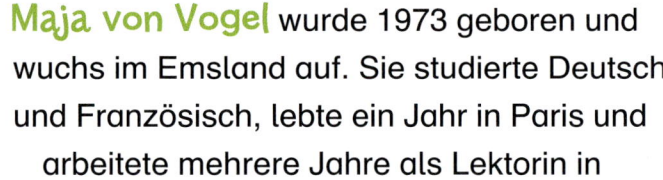

**Maja von Vogel** wurde 1973 geboren und wuchs im Emsland auf. Sie studierte Deutsch und Französisch, lebte ein Jahr in Paris und arbeitete mehrere Jahre als Lektorin in einem Kinderbuchverlag, bevor sie sich als Autorin und Übersetzerin selbstständig machte. Heute lebt Maja von Vogel in Norddeutschland.

**Dorothea Ackroyd**, geboren 1960 in Herford, studierte an der FH Bielefeld Kommunikationsdesign. Seit 1990 ist sie als freischaffende Illustratorin tätig und hat seitdem 119 Bücher veröffentlicht, die zum Teil in 11 Sprachen übersetzt wurden. Sie lebt mit ihrer Familie auf der Sonnenseite des Teutoburger Waldes.

# Noch mehr Lesespaß!

ISBN 978-3-7855-8950-2

ISBN 978-3-7432-0134-7

ISBN 978-3-7432-0132-3

ISBN 978-3-7432-0143-9